Chico y el gatito

Cuento de Aurora Colón García

Ilustraciones de Becky Radtke

— ¡ Carlos, deja la pelota y ven aquí !
— dijo Omar —.
¡ Escucha !
¿ De dónde viene ese sonido ?

— ¡ Guau, guau ! — ladró Chico
moviendo la colita.

Carlos y Omar
encontraron un gatito.
El gatito estaba maullando
detrás de un arbusto.

— ¡ Chico, muévete !
¡ Deja ese gatito ! — gritó Carlos.

— ¡ Vamos a llevarlo adentro
para que lo vean todos !
— dijo Omar.

Con su cinta roja en el cuello, el gatito estaba bien precioso.

— Por favor, Mamá,
¿ lo podemos cuidar
hasta que aparezca su dueño ?
— preguntó Dora.

— Está bien — contestó Mamá —.
Ahora mismo pongo
un cartel en la esquina
para encontrar a su dueño.

Dora se puso a jugar
con el gatito.

— ¡ Qué gracioso ! — dijo Dora —.
¡ Chico !
¡ Muévete, lo vas a lastimar !

Omar acarició al gatito.
Chico brincó
para alcanzar al gatito.

—¡Chico! No estés brincando
—le dijo Omar en voz fuerte.

Con la cola caída,
Chico se fue a la sala.
Allí mordió el periódico
y lo hizo pedacitos.

Chico también
mordió la gorra de Omar.
Y después se escondió
debajo de la mesa de la cocina.

Abuelo llegó
y oyó a todos protestando.

— Miren lo que hizo Chico
— dijo Papá —.
¡ Perro malo !

— ¡ Mi gorra ! — gritó Omar —.
¡ Perro malo !

— ¿ Dónde está ese perro ?
¡ Perro malo ! — gritó Mamá.

Chico estaba muy triste
y tenía miedo.

— Chico no es un perro malo.
— dijo Abuelo —.
Chico cree que ya no lo quieren.
Él cree que sólo quieren
al gatito nuevo.
Vamos a ayudar
a Chico y al gatito
a ser amigos.

— Chico, éste es gatito.
Gatito, éste es Chico
— dijo Dora.

Dora acarició a Chico.

Omar también acarició
a Chico y dijo:
— Chico, ven a jugar
con nosotros y el gatito.

Chico empujó la pelota
para jugar con el gatito.
El gatito paró la pelota
con su patita.
Y se la devolvió a Chico.

— ¿ Ven ? — dijo Abuelo —.
Chico no va a lastimar al gatito.

Omar abrazó a Chico.

Entonces oyeron
tocar a la puerta.
Carlos fue a ver quién era.

— Mamá, llegaron
los dueños del gatito
— dijo Carlos —.
Aquí está su gatito
— les dijo a los dueños.

— Gracias — dijeron los dueños —
¡Nuestro gatito tiene
un nuevo amigo!